ख़ामोशियों का सफ़रनामा

ख़ामोशियों का सफ़रनामा

कुमार राज

ख़ामोशियों का सफ़रनामा

पैरों में रह गई मैं इन बेड़ियों का क्या करू
ऐ खुदा तू ही बता मैं अपनी ज़िंदगी का क्या करू

- **कुमार राज**

नज़में

ग़ज़लें

भूमिका

बेपर्दा तुम्हें कर मुझे ये ज़ुल्म सहना है
तुम्हारे दिल के तहखाने में मुझे कैदी बनकर रहना है
उम्र काट देनी है उन चार सलाखों के पीछे
हर जनम मुझे बस तुम्हारा कैदी बनकर रहना है

यह पुस्तक " **खामोशियों का सफरनामा** " मेरी पहली साहित्यिक कोशिश है। यह किसी पूर्णता का दावा नहीं करती, बल्कि उन भावनाओं और अनुभवों का ईमानदार प्रतिबिंब है जिन्हें मैंने जिया है, जिन्हें मैं आज भी महसूस करता हूँ और शायद आगे भी करता रहूँगा।

इस पुस्तक का प्रत्येक शब्द मेरे उस मन से निकला है जो अक्सर उलझा हुआ, प्रश्नों से भरा और भीतर ही भीतर परेशान रहा है - कभी परिस्थितियों से, कभी रिश्तों से और कभी स्वयं से। यहाँ लिखी गई बातें न तो सजावट हैं और न ही किसी को प्रभावित करने के लिए रची गई हैं। यह मेरे मौन की आवाज़, मेरे विचारों की अव्यवस्था और उन भावनाओं की अभिव्यक्ति है जिन्हें शब्दों में ढालना आसान नहीं था।

यह पुस्तक उस साहस का परिणाम है जिसमें मैंने अपने भीतर के सच को स्वीकार किया और उसे शब्दों का रूप दिया। यदि इन पंक्तियों में पाठक को अपने मन का कोई अंश दिखाई दे, यदि कोई भावना उसे छू जाए या यह एहसास दिला दे कि वह अकेला नहीं है, तो यही इस पुस्तक की वास्तविक सार्थकता होगी।

कहते हैं कि मुक़द्दर का रास्ता आसान नहीं होता, पर जब मुक़द्दर समझ में आ जाए, तो कोई रास्ता कठिन नहीं लगता। यह पुस्तक शायद मेरे मुक़द्दर की वही सीढ़ी है। पहले मेरा शायरी, ग़ज़ल और नज़्म से कोई संबंध नहीं था। एक दिन यूँ ही किसी से जौन एलिया साहब का नाम सुना। जिज्ञासा हुई, उनके बारे में जानने लगा और उन्हें पढ़ा। उसी क्षण मेरा शायरी, नज़्म और ग़ज़ल से रिश्ता जुड़ गया। उन पलों का मैं हमेशा शुक्रगुज़ार रहूँगा जिन्होंने मुझे जौन साहब से परिचित कराया।

इन्हीं प्रेरणाओं में मैंने अपने जीवन की पहली शायरी लिखी। मुझे पता है कि वह रचना बहुत अच्छी नहीं है, पर वह मेरे दिल के बेहद क़रीब है, क्योंकि उसे लिखते और पढ़ते समय मुझे पहली बार यह एहसास हुआ कि मैं लिख सकता हूँ। उसके बाद मैं बस लिखता चला गया - कुछ अच्छा, कुछ बुरा और कुछ बहुत ही ख़राब। फिर भी मुझे स्वयं पर गर्व है कि मैंने लिखना नहीं छोड़ा।

आज उन सभी अधूरी और कमज़ोर कोशिशों को एक साथ समेट पाना मेरे लिए ऐसा है, जैसे जीवन के बिखरे अनुभवों से सोने के मोती पिरोना। इस पुस्तक का हर एक शब्द आज तक केवल मेरा था, जिसे मैंने अपने भीतर सहेज कर रखा। पर अब मैं इन शब्दों को समेट कर रखने के बजाय खुले आकाश में बहा देना चाहता हूँ। यह मेरे लिए उस भार को

हल्का करने का प्रयास है, जो समय के साथ मेरे भीतर जमता चला गया ।

इन पृष्ठों पर लिखी भावनाएँ मेरे लिए मुक्ति का मार्ग हैं - कहने का, स्वीकार करने का और आगे बढ़ने का । यदि ये शब्द पाठक तक पहुँचकर अपनी स्वतंत्र उड़ान भर सकें, तो यही मेरी सबसे बड़ी उपलब्धि होगी ।

यह किताब किसी समाधान का दावा नहीं करती । यह बस उन लोगों के लिए है जो कभी रात में बिना वजह भारी महसूस करते हैं, जो ठीक न होते हुए भी कहते हैं - **"हम ठीक हैं ।"** अगर आप इनमें से हैं, तो ये पन्ने आपके अपने हैं ।

- **कुमार राज**

उसने अपनी ज़ुल्फ़ों में हाथ यूँ उलझा रखा है
देखो... उसने कितनों को अपना दीवाना बना रखा है

नज़में
ग़ज़लें

नज़में

क्या तुम?

मन में एक सवाल है
तुम उसका जवाब बनोगी क्या?

मैं बैठूँ शाम नदी किनारे
तुम मुझसे मिलने आओगी क्या?

मैं सजाऊँगा एक घर पुराना
तुम उसका हिस्सा बनोगी क्या?

मैं लौटूँ शाम दफ़्तर से घर
तुम बेसब्री से इंतज़ार करोगी क्या?

मैं जब भी ख़फ़ा हो जाऊँ तुमसे
तुम मुस्कुराकर मुझे मनाओगी क्या?

जब गूँजेगी हँसी बच्चों की आँगन में
तुम अपना बचपन याद करोगी क्या?

जब देखोगी चिराग़ को घर बसाते
तुम हमारा क़िस्सा याद करोगी क्या?

मैं जब थक जाऊँ दुनिया से हारकर
तुम मेरे कंधे का सहारा बनोगी क्या?

जब रूठेगा वक़्त और हालात सख़्त होंगे
तुम मेरा हाथ थामे रह पाओगी क्या?

जब शब्द ख़ामोश हो जाएँ मेरी ज़ुबान से
तुम मेरी आँखों में मेरी बात पढ़ पाओगी क्या?

मिलना चाहता हूँ अंत में मिट्टी में मैं
तुम मणिकर्णिका तक साथ मेरा निभाओगी क्या?

सोच में डूबा

अकेले रहकर मुझको याद करती है क्या?
यही सोच में डूबा रहता हूँ मैं

तन्हा हो तो हमारे क़िस्से याद करती है क्या?
यही सोच में डूबा रहता हूँ मैं

हवाओं में मेरी ख़ुशबू महसूस करती है क्या?
यही सोच में डूबा रहता हूँ मैं

मुझे समझकर तकिये को गले लगाती है क्या?
यही सोच में डूबा रहता हूँ मैं

नींद में मेरा नाम अब भी बड़बड़ाती है क्या?
यही सोच में डूबा रहता हूँ मैं

रातों में चाँद से अब भी बातें करती है क्या?
यही सोच में डूबा रहता हूँ मैं

मेरी तस्वीर अब भी छुपकर देखती है क्या?
यही सोच में डूबा रहता हूँ मैं

मेरे लिखे ख़त अब भी पढ़ती है क्या?
यही सोच में डूबा रहता हूँ मैं

मेरे पसंदीदा गाने अब भी गुनगुनाती हैं क्या?
यही सोच में डूबा रहता हूँ मैं

ख़ामोशी में मेरी आवाज़ अब भी सुनती है क्या?
यही सोच में डूबा रहता हूँ मैं

अब भी अचानक मुझे याद कर मुस्कुरा देती है क्या?
यही सोच में डूबा रहता हूँ मैं

भीड़ में अब भी ख़ुद को तन्हा पाती है क्या?
यही सोच में डूबा रहता हूँ मैं

किसी से बात करते मेरा ज़िक्र करती है क्या?
यही सोच में डूबा रहता हूँ मैं

किसी मोड़ पर मुझे याद कर ठहर जाती है क्या?
यही सोच में डूबा रहता हूँ मैं

आईने में ख़ुद को देखकर रुक जाती है क्या?
यही सोच में डूबा रहता हूँ मैं

मेरे जाने की कमी महसूस करती है क्या?
यही सोच में डूबा रहता हूँ मैं

मेरी बातों को अब भी दोहराती है क्या?
यही सोच में डूबा रहता हूँ मैं

ख़ुद से लड़कर मुझे सही बतलाती है क्या?
यही सोच में डूबा रहता हूँ मैं

भीगे तकिये से अब भी आँसू छिपाती है क्या?
यही सोच में डूबा रहता हूँ मैं

मेरी कमी को मुस्कान में छिपाती है क्या?
यही सोच में डूबा रहता हूँ मैं

मेरे बिना भी ख़ुद को समझाती है क्या?
यही सोच में डूबा रहता हूँ मैं

कभी मेरा सपना देखकर घबरा जाती है क्या?
यही सोच में डूबा रहता हूँ मैं

कभी ख़ुद से पूछती होगी
गलती किसकी थी, क्या?
यही सोच में डूबा रहता हूँ मैं

मेले में बिछड़ने के डर से अब भी डरती है क्या?
यही सोच में डूबा रहता हूँ मैं

किसी के ऊँचा कहने से अब भी सहम जाती है क्या?
यही सोच में डूबा रहता हूँ मैं

हर सवाल में मेरा जवाब ढूँढती है क्या?
यही सोच में डूबा रहता हूँ मै

और कभी, हाँ बस कभी...
मुझे खोने का अफ़सोस करती है क्या?
यही सोच में डूबा रहता हूँ मैं

देखो

ये कैसा दर्द मेरे सीने में उठ रहा है
देखो, कोई उसकी कमर पकड़ रहा है

ये साँसें भला आहिस्ता क्यों थम रही हैं
देखो, वो आहिस्ता किसी के लब छू रही है

ये क़दम उठाना अब नामुमकिन-सा लग रहा है
देखो, कोई उसको दरिया घुमा रहा है

क्यों ये आँसू इन आँखों में आए बैठे हैं
देखो, वो दोनों कैसे मुस्कुराते बैठे हैं

ये ख़ामोशी भी अब शोर-सी लगने लगी है
देखो, उसकी मुस्कान किसी और की होने लगी है

ये क़लम उठाना भी अब दुश्वार लग रहा है
देखो, कोई उसकी क़िस्मत लिख रहा है

ये वक़्त क्यों मुझसे बेरुख़ी निभा रहा है
देखो, कोई उसको मुझसे दूर ले जा रहा है

ये धड़कनें क्यों भला बाग़ी-सी लगने लगी हैं
देखो, वो अब किसी और की होने लगी है

ये आईना भी अब मुझसे सच छिपा रहा है
देखो, मेरा चेहरा भी मुझसे अब घबरा रहा है

ये शहर भी आज अजनबी-सा लग रहा है
देखो, हर रास्ता मुझे घूर रहा है

ये दुआएँ भी अब बद्दुआ-सी लगने लगी हैं
देखो, मेरी चाहत ही मेरी सज़ा बनने लगी है

ये दिल अब शिकायत करना छोड़ रहा है
देखो, वो ख़ुद को किसी और का कर रहा है

ये रात बसर करना मुमकिन नहीं लग रहा है
देखो, किसी काम में मेरा मन नहीं लग रहा है

एक सवाल मुझे हर रात जगा रहा है
देखो, वो कितने चैन से सो रहा है

यूँ टूटकर भी उसे चाहना शायद मोहब्बत है
देखो, शायद यही मेरी आख़िरी इबादत है

उन गलियों की कहानी

जंग के पैमाने तो हर कोई उछाल देता है
सोचो, सुबह को गजरों का क्या हाल होगा

यूँ तो बदनाम होना कोई नहीं चाहता, मगर
कैसे उन गलियों में जिस्मों का व्यापार होगा

अपना लेती है वो बेटियाँ हर रोज़ एक नया जिस्म
कैसे उनका ईमान रुपयों में तोला होगा

जीने के लिए अपने आँसू भी पी लेती है
कैसे एक रात बिताना भी ज़िंदगी का सौदा होगा

अपनी हर एक खरोंच, ज़ख़्मों को छिपा लेती है
कैसे ये सब ज़ाहिर करना कितना मुश्किल होगा

ख़्वाब जो कभी देखे थे, किसी ने आकर बुझा दिए
कैसे उस हँसी की जगह कोई मायूसी लाया होगा

किसी ने पूछा नहीं, दर्द का मोल कितना है
जिस्म की हवस मिटाने वो हर दिन लौटा होगा

जिसको घर बसाना था, बस एक खिलौने - सी रह गई
कैसे मजबूरी ने हर रिश्ता उससे ज़बरन छीना होगा

कोई सड़क अब महफ़ूज़ नहीं, रातें और भी अँधेरी लगती हैं
कैसे उस जानवर ने वो संगीन काम किया होगा

वो गुलाब

फेंक दिया वो गुलाब आख़िरकार मैंने
जो कभी सँभाल रखा था उस किताब में मैंने

उसकी ख़ुशबू तो बरसों पहले खो चुकी थी
वही जो मेरी कमज़ोरी बन चुकी थी

ख़ुद को यूँ ही गुमराह करता रहा आख़िर मैं
अब भी उसका एक लौता सहारा हूँ-आख़िर मैं

हर साँस में ख़ुद को बस यही दिलासा देता रहा
वो लौटेगी ज़रूर—बस ख़ुद को ये उम्मीद देता रहा

फिर... फिर देखा उसे किसी और की बाँहों में
टूट गई हिम्मत, खो गए जज़्बात उन राहों में

लौट गया वहीं, जहाँ से चला था सफ़र मेरा
छोड़ दिया हर एहसास, जो हुआ करता था मेरा

कर लिया जुदा ख़ुद को इस दुनिया से मैंने
जला दी वो यादें जिनमें उसे महफ़ूज़ रखा था मैंने

अब राख में भी उसकी शक्ल दिखती नहीं
आँखें नम हैं, पर दिल में अब वो तस्वीर दिखती नहीं

जो सवाल अधूरे थे, उन्हें ख़ामोशी सौंप आया
उसके नाम की धड़कन को ख़ुद से तोड़ आया

सीख लिया मैंने भी ख़ुद से प्यार करना
टूटकर भी फिर से खड़ा होना और सँवरना

अब गुलाब नहीं, काँटों से दोस्ती है मेरी
दर्द से ही लिखी जाती है असल शायरी मेरी

वो रही किसी और की-ये सच मान लिया मैंने
अपने हिस्से की तन्हाई पहचान ली है मैंने

अब ना उम्मीद है, ना कोई इंतज़ार बाक़ी
बस ख़ुद से मिलने का है अब कारोबार बाक़ी

फेंक दिया वो गुलाब, पर एक बात समझ आया
प्यार खोया ज़रूर, पर ख़ुद को मैंने पाया

जो कभी उसकी यादों में जिया करता था मैं
आज अपनी ही ख़ामोशी में ज़िंदा रहता हूँ मैं

उसे भुलाना आसान था

उसे भुलाना आसान था
हाँ...
उसे भुलाना आसान था

कुछ यादों को ही मिटाना था
जो तस्वीरें मैंने ली थीं कभी
बस उन्हीं को तो जलाना था

उसे भुलाना आसान था
उन वादों को ही भुलाना था
जो जीने-मरने की क़समें खाई थीं
उन झूठे लम्हों को मिटाना था

उसे भुलाना आसान था
उस स्याही को ही मिटाना था
जिन रंगों में उसका नाम लिखा था
उन्हें हवाओं में उड़ाना था

उसे भुलाना आसान था
रास्तों का रुख़ ही बदलना था
जो मंज़िलें साथ हुआ करती थीं
उन गलियों से ही अब बचना था

उसे भुलाना आसान था
साँसों का सिलसिला बदलना था

जो धड़कनें बस गई थीं धड़कनों में
उन्हें ख़ामोशी से नोचना था

उसे भुलाना आसान था
उन मीठी बातों से बचना था
जो हर रोज़ दिल को छुआ करती थीं
उन आवाज़ों से बचना था

उसे भुलाना आसान था
उन नज़रों के जाल से बचना था
जिस गली में शाम बिताया करता था
उस गली को अलविदा करना था

उसे भुलाना आसान था
दर्द को हमसफ़र बनाना था
जिसके लिए चैन-सुकून गँवाया था
उन्हीं पलों से अब दूर जाना था

उसे भुलाना आसान था
वक़्त का हाथ थामना था
जिसके लिए घंटों लुटा दिए थे
उस वक़्त को अब काम में लाना था

उसे भुलाना आसान था
अपने गुनाहों को अपनाना था
जिसके लिए अपनों को ठुकराया था
उन अपनों का सहारा बनना था

उस शख़्स की तलाश

ये नज़रें उस शख़्स की तलाश करती हैं
जो एक नज़र में सारा हाल समझ जाता था कभी

ये हाथ उस शख़्स की तलाश करते हैं
जो थाम लिया करता था इन्हें प्यार से कभी

ये क़दम उस शख़्स की तलाश करते हैं
जो चला करता था क़दम मिलाकर कभी

ये कान उस शख़्स की तलाश करते हैं
जो हर दिन की कहानी सुनाया करता था कभी

ये बाल उस शख़्स की तलाश करते हैं
जो इनमें हाथ फेरा करता था कभी

ये नींद उस शख़्स की तलाश करती है
जो इसे ख़ूबसूरत ख़्वाब दिया करता था कभी

ये धड़कनें उस शख़्स की तलाश करती हैं
जो भीड़ में भी सुकून दिया करता था कभी

ये पलकें उस शख़्स की तलाश करती हैं
जो सुबह को इन्हें उठाया करता था कभी

ये ज़ुबान उस शख़्स की तलाश करती है
जो हर लफ़्ज़ में मिठास दिया करता था कभी

ये आँसू उस शख़्स की तलाश करते हैं
जो हर उदासी में इन्हें सँभाला करता था कभी

ये साँसें उस शख़्स की तलाश करती हैं
जो हर साँस की वजह हुआ करता था कभी

ये दिल उस शख़्स की तलाश करता है
जो हर धड़कन को मक़सद दिया करता था कभी

ये रगें उस शख़्स की तलाश करती हैं
जो इनमें लहू-सा बसा करता था कभी

ये जिस्म उस शख़्स की तलाश करता है
जो इसे अपना घर कहा करता था कभी

लाश और कमरा

मैं चाहता हूँ मैं सड़-सड़ कर मरूँ
ये बदन लाश बना यूँ ही पड़ा रहे

उस अकेले मेरे कमरे में
उस तन्हा मेरे कमरे में

जब बुलाना चाहूँ किसी अपने को
कोई नहीं हो मुझे उठाने को

ये आँखें बस छत को देखती रहें
छत इन आँखों को देखती रहे

मैं चाहता हूँ मैं सड़-सड़ कर मरूँ
ये बदन लाश बना यूँ ही पड़ा रहे

दीवारें मुझ पर हँसती रहें
दरवाज़ा मुझे बुलाता रहे

पंखा मेरी जुदाई मनाए
कुर्सी नई कहानी बनाए

ये बदन मुर्दों से जलन महसूस करे
कितना सुकून है इसमें-ये महसूस करे

जब दिन बीते और रात हो जाए
वो कमरा पूरा काला हो जाए

सोए बिना आँखें इंतज़ार करें
बेसब्री से किसी का इंतज़ार करें

दावत लूटने वो आने वाले हैं
चुन-चुन के हर हिस्सा खाने वाले हैं

पेट भर गया उनका भी मगर
अभी तो और भी आने वाले हैं

कीड़े-मकोड़ों की ऐसी ऐश हो गई
मेरे बदन की रौनक ख़त्म हो गई

ख़त्म होता मैं बस यूँ ही पड़ा रहा
कमरा मुझे हर आँख से देखता रहा

ये ज़माना मुझे भूल गया
मेरा यार भी मुझे भूल गया

कुछ नहीं अब इस बेजान जिस्म में
सब ख़त्म हो गया बेजान जिस्म में

सन्नाटों के शोर से आँखें भी बंद हो गईं
इतना वक़्त गुज़रा कि लाश भी सर्द हो गई

वो तन्हा बदन अब तन्हा नहीं रहा
वो कमरा मेरा अब मेरा नहीं रहा

किसी और ने हक़ जता दिया उसके ऊपर
मुझको ख़ामोश कर पत्थर रख दिया मेरे ऊपर

ये कहानी मेरी ख़ैर अब ख़त्म हो गई
वो सारी चीज़ें मेरी किसी और की हो गईं

कल फिर कोई मेरी तन्हाई महसूस करेगा
मेरे कमरे को फिर कोई अपना कहेगा

दोहराएगा वो मेरे लफ़्ज़ फिर बार-बार
जो मैं कहा करता था हर वक़्त बार-बार

मैं चाहता हूँ मैं सड़-सड़ कर मरूँ
ये बदन लाश बना यूँ ही पड़ा रहे

एक तितली - एक मौसम

मैं अक्सर उस तितली को
अपने नज़दीक पाता हूँ
मैं इत्मिनान से
बस उसे देखता जाता हूँ

वो तितली...
वो ख़ूबसूरत तितली
जो हर सुबह मेरी खिड़की पर
मेरा इंतज़ार करती है

इंतज़ार करते-करते
वो घंटों गँवा देती है

वो नाज़ुक-सी तितली
जिसे ज़रा भी डर नहीं
कि मैं उसे चोट पहुँचाऊँगा

अक्सर वो इस क़दर
मेरे पास ठहर जाती है
कि लगता है -
मानो जैसे वो मुझसे
कुछ कहना चाहती है

अब वो मेरी कहानी का
एक हिस्सा बनने लगी है

जैसे-जैसे हमारी दोस्ती
गहरी होने लगी है

मगर मुझे एक डर
सताता रहता है -
सर्द मौसम अब
जल्दी आने वाला है

उसकी तो तैयारी भी नहीं है
उसकी हालत भी ठीक नहीं है

कैसे वो बिताएगी
ये सर्द महीने अकेले
और कैसे बिताऊँगा
ये वक़्त मैं अकेले

मुझे उसकी आदत हो गई थी
वो मेरा एक ख़ूबसूरत हिस्सा हो गई थी

दुआ करता हूँ -
जल्दी से बसंत आ जाए
वो तितली फिर से
मुझसे मिलने आ जाए

फिर से हम
उसी पुरानी खिड़की पर हों
अपने नए क़िस्से
एक-दूसरे को सुनाएँ

वो सुबह फिर से
मेरा इंतज़ार करे
हम फिर दोनों
घंटों बातें करें

मैं आज भी
उसका इंतज़ार करता हूँ -
वो आए और मुझसे अपनी
सारी शिकायतें करे

मोहब्बत की खिड़की

चलो वो क़िस्सा फिर से याद करें
वो क़िस्सा जो हमने साथ बनाया था

स्कूल की वो खिड़की याद है तुम्हें?
जहाँ से तुम मुझे देखा करती थीं

बेशक हमारे कमरे अलग-अलग थे
मगर दीवार का वो टूटा हिस्सा
हमें एक कर जाता था

याद है तुम्हें
वो हमारी मोहब्बत की खिड़की?
जिसके सहारे हम
इशारों में बातें किया करते थे

एक तरफ़ टीचर पढ़ा रही होती थी
सारे बच्चे लगन से सुन रहे होते थे
और हम...
हम प्यार के क़िस्से गढ़ रहे होते थे

घंटों तुम वहाँ बैठी
मुझे देखती रहती थीं
अपनी सहेलियों से
मेरी बातें करती रहती थीं

मैं भी अपने कमरे से

तुम्हें देखा करता था
अपने यारों से
तुमसे मिलने के बहाने बनाया करता था

उस पीपल की छाँव में बैठा मैं
उस मोहब्बत की खिड़की में बैठी तुम -
दुनिया भूलकर
हम अपनी दुनिया सजाया करते थे

तुम्हारी वो ख़ुशी
जब तुम क्लास में फ़र्स्ट आई थीं
तुम्हारी वो उदासी
जब ग़लत जवाब पर डाँट खाई थी

तुम्हारा रूठ जाना
जब मैं तुम्हें नज़र नहीं आया था
और फिर झट से मान जाना
जब तुम्हारे सामने मैं आया था

तुम्हारे हर एहसास की
गवाह है वो खिड़की -
वो हमारी मोहब्बत की खिड़की

सोचता हूँ
क्या आज भी वो वैसी ही होगी?
क्या आज भी
किसी और कहानी में

अपना किरदार निभा रही होगी?

सुनो...
क्या हम दोबारा स्कूल चल सकते हैं?
क्या उस खिड़की से मिलने
हम फिर से स्कूल चल सकते हैं?

चलो वो क़िस्सा फिर से याद करें हम
वो क़िस्सा जो हमने साथ बनाया था

तुम फिर से उस खिड़की में बैठकर
मेरा इंतज़ार करना
मैं आहिस्ता से तुम्हारे सामने आऊँ
और तुम फिर से
इशारों में मुझसे प्यार करना

सुनो...
क्या हम दोबारा स्कूल चलें?
वो क़िस्सा -
क्या हम एक बार फिर से याद करें?

वो चेहरा याद आता है

वो चेहरा याद आता है
वो चेहरा जो मुझे दूर से आता देख ख़ुश हुआ करता था
वो चेहरा जो हर वक़्त मेरे क़रीब हुआ करता था
वो चेहरा जो मुझे बच्चों-सा प्यार किया करता था
वो चेहरा जो मुसीबतों से मुझे बचाया करता था

हाँ, मुझे वो चेहरा याद आता है
वो चेहरा जो मेरी हर परेशानी सुलझाया करता था
वो चेहरा जो मेरी ग़लती पर मुझे समझाया करता था
वो चेहरा जो मेरे रूठने पर मुझे मनाया करता था
वो चेहरा जो मेरी हर एक बात दिल से सुना करता था

वो चेहरा याद आता है
वो चेहरा जो मेरी ख़ुशियों में ख़ुश हुआ करता था
वो चेहरा जो मेरे ग़म को अपना ग़म समझता था
वो चेहरा जो सुबह मुझे प्यार से उठाया करता था
वो चेहरा जो मुझे चाँद की गोद में सुलाया करता था

वो चेहरा जो अब कहीं दिखाई नहीं देता
वो चेहरा जो अब कहीं मिलता नहीं है

वो चेहरा जिसे मैं एक और बार घंटों देखना चाहता हूँ
वो चेहरा जिसे मैं एक और बार ख़ामोशी से मिलना चाहता हूँ
वो चेहरा जिसे मैं एक और बार कसकर गले लगाना चाहता हूँ
वो चेहरा जिसे मैं एक और बार आहिस्ता से छूना चाहता हूँ

हाँ, मुझे वो चेहरा याद आता है
वो चेहरा जिसके साथ मैं एक और शाम बिताना चाहता हूँ
वो चेहरा जिसके साथ मैं एक और ख़्वाब सजाना चाहता हूँ
वो चेहरा जिसके साथ मैं एक और बार चलना चाहता हूँ
वो चेहरा जिसके साथ मैं एक और बार बैठना चाहता हूँ

वो चेहरा याद आता है...
हाँ, मुझे वो चेहरा याद आता है

बहुत है

समुंदर को गहराई की कमी बहुत है
आसमान को ऊँचाई की कमी बहुत है
दरख़्त को फूलों की कमी बहुत है
फूलों को ख़ुशबू की कमी बहुत है

सूरज को रोशनी की कमी बहुत है
चाँद को चमक की कमी बहुत है
रात को अँधेरों की कमी बहुत है
दिन को उजालों की कमी बहुत है

दिल को धड़कन की कमी बहुत है
धड़कन को दिल की कमी बहुत है
वक़्त को फ़ुर्सत की कमी बहुत है
फ़ुर्सत को सुकून की कमी बहुत है

रेगिस्तान को रेत की कमी बहुत है
दरिया को प्यास की कमी बहुत है

ख़ामोशी को शोर की आदत बहुत है
दीवारों को गिरने की आदत बहुत है
पत्थर को पिघलने की आदत बहुत है
शीशे को मुस्कुराने की आदत बहुत है

तूफ़ान को ठहरने की आदत बहुत है
ख़ामोशी को चीख़ने की आदत बहुत है

बारिश को जलने की आदत बहुत है
आग को बरसने की आदत बहुत है

रात को जगने की आदत बहुत है
दिन को सोने की आदत बहुत है
ज़ख़्मों को मुस्कुराने की आदत बहुत है
मरहम को रोने की आदत बहुत है

चाँद को दिन की आदत बहुत है
सूरज को रात की आदत बहुत है
बारिश को भीगने का डर बहुत है
सूरज को जलने का डर बहुत है
रात को उजाले का डर बहुत है
दिन को अँधेरों का डर बहुत है

ख़्वाबों को टूटने का डर बहुत है
हक़ीक़त को खो जाने का डर बहुत है
ख़ामोशी को सुनाई देने का डर बहुत है
शोर को दब जाने का डर बहुत है

फूलों को खिलने का डर बहुत है
काँटों को चुभने का डर बहुत है
क़दमों को चलने का डर बहुत है
आँखों को देखने का डर बहुत है

किताबों को पढ़ने का डर बहुत है
क़लम को लिखने का डर बहुत है

चाँद को चाँदनी से नफ़रत बहुत है
सूरज को रोशनी से नफ़रत बहुत है
पेड़ों को परिंदों से नफ़रत बहुत है
फूलों को ख़ुशबू से नफ़रत बहुत है

हवा को शोर से नफ़रत बहुत है
ख़ामोशी को आवाज़ से नफ़रत बहुत है
बारिश को भीगने से नफ़रत बहुत है
आग को जलने से नफ़रत बहुत है

क़लम को काग़ज़ से नफ़रत बहुत है
सफ़े को स्याही से नफ़रत बहुत है
दिल को दिमाग़ से नफ़रत बहुत है
दिमाग़ को दिल से नफ़रत बहुत है

आसमान को ज़मीन से नफ़रत बहुत है
रेगिस्तान को दरिया से नफ़रत बहुत है
आँखों को आँसुओं से मोहब्बत बहुत है
हँसी को दर्द से मोहब्बत बहुत है
हक़ीक़त को ख़्वाबों से मोहब्बत बहुत है
चाँद को उजाले से मोहब्बत बहुत है

सुबह को रात से मोहब्बत बहुत है
धूप को छाँव से मोहब्बत बहुत है
सन्नाटों को शोर से मोहब्बत बहुत है
धड़कनों को ख़ामोशी से मोहब्बत बहुत है

फूलों को काँटों से मोहब्बत बहुत है
सुकून को बेचैनी से मोहब्बत बहुत है
सफ़र को ठहराव से मोहब्बत बहुत है
मंज़िल को रास्ते से मोहब्बत बहुत है

सपनों को टूटने से मोहब्बत बहुत है
हक़ीक़त को खोने से मोहब्बत बहुत है

ये कहानी है मेरी
ये ज़ुबानी है मेरी-जिसमें फ़ासले बहुत हैं
सिर्फ़ दर्द, सिर्फ़ उम्मीद
और कुछ जज़्बात बहुत हैं

बेशक

बादलों में बेशक वो चेहरा दिखता होगा
मुझे तो हक़ीक़त में भी अब कहीं दिखता नहीं

हवाओं में बेशक उसकी ख़ुशबू मौजूद होगी
मेरे क़रीब तो अब कोई ख़ुशबू मिलती नहीं

समुंदर में बेशक उसका साया होगा
मेरा साया भी अब मेरा अपना लगता नहीं

रास्तों में बेशक उन क़दमों की आहट होगी
मेरे क़दमों को तो कोई आवाज़ मिलती नहीं

ख़्वाबों में बेशक वो शख़्स मौजूद होगा
इन आँखों में मगर कोई ख़्वाब अब बसता नहीं

आईनों में बेशक वो सूरत दिखती होगी
मुझे तो अब आईना भी सच्चा लगता नहीं

शहर में बेशक उसकी कोई पहचान होगी
मेरे नाम से अब मुझको कोई बुलाता नहीं

मुस्कान में बेशक उसे राहत मिलती होगी
मेरे होंठों पर अब हँसी भी टिकती नहीं

महफ़िलों में बेशक वो रौनक़ जगाता होगा
मेरी तन्हाई को अब कोई शक्ल मिलती नहीं

वक़्त के साथ बेशक वो सब भूल जाता होगा
मुझसे तो एक भी लम्हा भुलाया जाता नहीं

दुआओं में बेशक वो किसी को माँगता होगा
मेरी दुआओं में अब कोई नाम ठहरता नहीं

बारिश में बेशक उसे सुकून मिलता होगा
मेरे हिस्से की अब कोई बरसात होती नहीं

ज़िंदगी में बेशक उसे नया रास्ता मिले
मुझे तो अपना ही रास्ता अब दिखता नहीं

मेरा साथी – " वो कमरा "

हॉस्टल का वो कमरा मुझे बेहद याद आता है
वो कमरा जो हर सुबह मुझे मुस्कान के साथ जगाया करता था
वो कमरा जो मुझे अपने आँचल में समेट
हर रात चैन की नींद सुलाया करता था

कमरे का वो लोहे का दरवाज़ा
जो दफ़्तर जाते वक़्त मुझे हौसला दिया करता था
और वही दरवाज़ा
जो शाम होते ही बेसब्री से मेरा इंतज़ार करता था

कमरे की वो जुड़वाँ बहनें-खिड़कियाँ
जो पंछियों के साथ मेरी बातें किया करती थीं
और मुझे दुनिया से जोड़े रखती थीं

कमरे के कोने में जमा वो टूटा शीशा
मुझे मेरी पूरी हक़ीक़त से वाक़िफ़ कराया करता था

वो मेरा साथी कमरा
मुझे बेहद याद आता है

कमरे की वो कमज़ोर अलमारी
जो मेरी हर चीज़ संभाल कर रखती थी
कमरे का वो गड़बड़ पंखा
जो हर रात मुझे लोरी सुनाया करता था

कमरे का वो हिस्सा याद आता है
जहाँ फर्श टूटा हुआ था
जहाँ हर सुबह मैं गिरा करता था -
और वही हिस्सा
मुझे हर दिन होश में लाया करता था

कमरे की वो दीवार भी याद आती है
जिसका रंग जगह-जगह से मिट गया था
फिर भी वही दीवार
मुझे सबसे प्यारी लगती थी
क्योंकि रातों में जब भी करवट बदलते
मैं गिरने लगता था
वही दीवार मेरा सहारा बन जाती थी

वो मेरा साथी कमरा
मुझे बेहद याद आता है

कमरे का वो सुनसान कोना
जो मुझे दुनिया के शोर से आराम देता था
कमरे की वो खिलखिलाती रोशनी
जो हर परेशानी में मेरा उजाला बनती थी

शुरुआत में मैंने उसे
कीमती चीज़ों से सजाया था
उसे अपना कह सकूँ -
इसलिए मैंने उसे ऐसा बनाया था

मगर वक़्त के सफ़र के साथ
मैंने उसे फिर पहले जैसा कर दिया
तब जाकर समझ पाया
कि उसने बिना किसी सजावट के
मुझे अपनाया था

वो कमरा
जो मेरी हर खुशी में शामिल रहा
जो मेरे हर ग़म को अपना कहता रहा
जो मेरी बीमारी में मेरा ख़याल रखता रहा
और मुस्कुरा कर मेरी उदासी मिटाता रहा

वो मेरा साथी कमरा
मुझे बेहद याद आता है

वो ख़ूबसूरत कमरा
अब मेरा नहीं है

याद है मुझे
वो दिन जब मैं जल्दबाज़ी में
अपना हर सामान समेट रहा था -
वो कितना ख़ामोश, कितना उदास था

वो मुझे चुपचाप देख रहा था
और मैं उससे नज़रें चुरा रहा था

हम दोनों जानते थे
अगर बात की, तो रो पड़ेंगे -

इसलिए उस रात
मैं ख़ामोशी से
उसे अलविदा कहे बिना निकल गया

अपने साथी को
मैं यूँ ही पीछे छोड़ आया

आज उसकी तबीयत पूछी मैंने -
अब वो कमरा पहले जैसा नहीं रहा

वो कच्ची लकड़ी का दरवाज़ा
अब और मज़बूत हो गया है
आधा टूटा शीशा
वक़्त के साँचे में ढलकर पूरा हो चुका है

कमज़ोर अलमारी
किसी और का हाथ थामकर
अब मज़बूत हो गई है
बिस्तर हर दिन की जंग के लिए
वक़्त पर बदल दिया जाता है

गड़बड़ पंखा
अब फ़ौलादी बन चुका है
टूटा फर्श
नई टाइलों में बदल गया है

जिस दीवार से रंग मिट गया था
वहाँ अब एक ख़ूबसूरत तस्वीर है

सुनसान कोना
अब उजाले से भर चुका है

वो कमरा -
वो मेरा साथी कमरा
बहुत बदल गया है

शायद वो समझ गया है
कि ठहराव
किसी चीज़ को होने से रोक नहीं सकता

वक़्त था, वक़्त है, वक़्त आएगा -
हर चीज़ हमेशा
अपने मुताबिक़ रहे
यह ज़रूरी तो नहीं

वो कमरा
वो मेरा साथी कमरा...
अब मुझे कम याद आता है

ज़िंदगी नाराज़ है मुझसे

ज़िंदगी नाराज़ है मुझसे
या शायद मैं ही उससे रूठा बैठा हूँ
हर मोड़ पर मिली जो ख़ामोशी मुझे
उसे मैं इल्ज़ाम समझ बैठा हूँ

वक़्त ने जो सवाल पूछे मुझसे
मैंने जवाब देने से मुँह मोड़ लिया
सपनों की भीड़ में यूँ ही चलते-चलते
हक़ीक़त का मैंने हाथ छोड़ लिया

आईने ने सच दिखाना चाहा मुझको
मैंने ख़ुद से नज़रें चुरा लीं हर बार
काँच-सी जो उम्मीद बाकी थी मेरी
मैंने उसे भी पत्थरों से मारा हर बार

थक गया हूँ अब ख़ुद से लड़ते-लड़ते
हर हार को किस्मत का नाम दे दिया
ज़िंदा था जिस्म से शायद मैं कहीं
पर अंदर कुछ बहुत पहले ही थम गया

ज़िंदगी कहती रही धीरे-धीरे मुझसे -
"नाराज़ मैं नहीं हूँ, राज, तुमसे
बस तुम ख़ुद से मिलना भूल गए हो
जो गिर पड़े थे, उन्हें उठाना भूल गए हो"

मगर मैं सुन न सका उसकी कोई आवाज़
मेरे अंदर फ़क़त सन्नाटा पलता रहा
ज़िंदगी सामने खड़ी थी मेरे
और मैं ख़ुद से चुपचाप विदा लेता रहा

अब जब सब कुछ शांत हो जाएगा
न कोई गिला, न कोई शिकवा रहेगा
ज़िंदगी भी कहेगी ख़ामोशी से -
"अब मुझसे नाराज़ होने वाला कौन रहेगा"

न शिकायत बचेगी
न जवाब की ज़रूरत होगी
मेरे बाद
ज़िंदगी मुझसे नाराज़ नहीं होगी -
क्योंकि तब
मेरे पास ज़िंदगी ही नहीं होगी

अलविदा, रोज़मर्रा

आज कोई ग़म नहीं है
बस थोड़ा-सा थक जाना है
बहलाकर-फुसलाकर ख़ुद को
आज आख़िरी बार दफ़्तर जाना है

सुबह की चाय के साथ
कुछ गहरे घूँट निगलना है
जल्दी से तैयार होकर
आज फिर दफ़्तर जाना है

ये जो आख़िरी दिन है मेरा
इसे भी बेनाम रखना है
किसी के दिल में याद न रहूँ
मुझे ऐसी गुमनामी जीना है

नहीं चाहता कोई दिखे मुझे
नहीं चाहता कोई पुकारे मुझे
ये जो ज़िंदगी यहाँ बसर की थी
अब इससे बस अलविदा कहना है

काग़ज़ों की कतारों में
हर रोज़ एक तमाशा था
दिल की आवाज़ दबती रही
टूटे ख़्वाबों का जनाज़ा था

जो सपने कभी संजोए थे यहाँ
उन्हीं सपनों ने ठुकरा दिया
रिश्ते बने, फिर टूट गए
और मैं बस अकेला रह गया

दफ़्तर की दीवारें जानती थीं
मेरे अनकहे दर्द की ज़ुबान
पर किसी ने समझा ही नहीं
मैं चलता रहा-एक परछाईं-सा

अब जो ख़त्म हो रहा है ये वक़्त
ये मंज़र सुकून-सा लगता है
जो कभी रंजिशें थीं सीने में
आज टूटा ख़्वाब भी सुकून लगता है

ज़िंदगी की इस लंबी दौड़ में
थककर यहीं ठहर जाना है
ना कोई आवाज़, ना कोई हलचल
बस ख़ामोशी में ख़ुद को खो जाना है

अब नई राहें सामने हैं
मुझे यहाँ कुछ भी नहीं चाहिए
बस गुमनामी की गोद में
दो पल सुकून के चाहिए

आज कोई ग़म नहीं है
बस थोड़ा-सा थक जाना चाहता हूँ

बहलाकर - फुसलाकर ख़ुद को
आज आख़िरी बार दफ़्तर जाना चाहता हूँ

भाग 1: कैसी हो?

आज कई साल हो गए हैं तुमसे बिछड़े
लेकिन याद तुम्हारी अब भी रोज़ आती है
कुछ काम से तुम्हारे शहर आया था मैं
इतने पास हूँ कि वो यादें और गहरी हो जाती हैं

अपने काम में उलझा, बिखरे बालों संग मैं भागा
पर अचानक वो आवाज़ सुन, मैं वहीं ठहर गया
सारी उलझनें, डर-वो आवाज़ सब कुछ मिटा गई
इतने शोर में भी वो आवाज़ मुझको साफ़ सुनाई दे गई

मूड नहीं पाया मैं उस आवाज़ का पीछा करने को
कुछ उलझनों में उलझा, बस वहीं ठहरने को
आज कई सालों बाद तुमसे फिर सामना हुआ
तुम आज भी वैसी ही लगीं
जैसे कल ही का कोई क़िस्सा हुआ

तुम्हारे झुमके, कंगन, माथे का वो निशान -
सब वैसे ही थे, कुछ भी नहीं बदला था
और न जाने क्यों, मगर तुम भी वही रूखी थीं
अपनी सहेली से बातों में
रुकने के बहाने ले रही थीं

मैंने तुम्हें चुपके से देखा
उन पुरानी निगाहों से
तुम्हारे माथे का वो निशान

आज भी मुझसे आँखें मिलने से नहीं डर रहा था
ज़ुल्फ़ों के पीछे से कोई चेहरा
मानो मुझको झाँक रहा था
शायद मुझसे मिलने की कोई चाहत
जताता रहा था

मैंने चाहा तुम्हें आवाज़ देकर कुछ कहूँ
कुछ वो बातें
जो अब भी दिल में संभालकर रखी हैं मैंने
मगर तुम्हारी मुस्कान ने
मुझको आज भी चुप कर दिया
तुम्हारी ख़ुशी के दरमियान
मुझे फिर एक बार पराजित कर दिया

तुम वाक़ई में बिल्कुल नहीं बदलीं
आज भी मुझको उतनी ही
सरल, सुंदर और प्यारी लगीं
तुम्हारे बहाने से
आज फिर, सालों बाद, मैं मुस्कुराया

दिल चाहता था हर एक बात तुम्हें बताऊँ मैं
लेकिन क़दम वहीं ठहरे रहे -
तुम्हें बस यूँ ही देखता जाऊँ मैं
जाते वक़्त एक पर्ची में लिखा था मैंने -

"कैसी हो?"
तुम्हारे क़दमों में डालकर
आज भी बस इतना ही पूछ पाया -
"कैसी हो?"

भाग 2: वो पर्ची

उलझनों के साथ वो पर्ची मैंने उड़ाई थी
हड़बड़ाहट में तुम भागे -
मैं कहा, "सुनिए! शायद आपकी कोई चीज़ गिरी थी"

एक न सुनी मेरी, और तुम बस वहाँ से चले गए
लाख आवाज़ देने पर भी
तुम मुझको अनसुना कर गए

पर्ची जो खोली, तो देखा लिखा था उसमें -
"कैसी हो?"
उलझन में उलझी ही थी
कि एक आवाज़ ने फिर पूछा -
"कैसी हो?"

"कैसी हो?" वो आवाज़
ज़ेहन में गूँज रही थी मेरे
मेरे हर सवाल के जवाब में
बस यही पूछ रही थी -
"कैसी हो?"

वो लम्हा याद करते हुए
हर चीज़ को महसूस करके देखा
वो भागदौड़, तुम्हारा रुकना
चिट्ठी गिराना -
हर पल को याद करके देखा

देखा सब कुछ याद करके
मगर वो चेहरा गुमनाम ही रह गया
वो शख़्स अनजाने में
अपनी अंगूठी पीछे छोड़ गया

छोड़ गया वो लिखावट
जो कभी जानी-पहचानी हुआ करती थी
एक दौर था
जब उससे मैं अपनी कहानियाँ लिखा करती थी

उस अंगूठी के पीछे
आज भी मेरा नाम लिखा हुआ था
वो शख़्स अब अजनबी नहीं
जाना-पहचाना लग रहा था

वो यादें धीरे-धीरे
एक चेहरे का नक़्शा बनने लगीं
वो ख़ुशबू जो क़रीब से गुज़री थी
अब एक शख़्सियत में ढलने लगी

लफ़्ज़ों में जिस शख़्स का नाम लेने से
मैं शर्माया करती थी
वो इतने नज़दीक से गुज़र गया -
और मैं जानकर भी
अब कुछ कर नहीं सकती थी

"कुछ कर नहीं सकती" -

ये सोचना अब एक अपराध होगा
उसे कहीं से भी ढूँढना
बस अब यही मेरा मक़सद होगा

मिलकर उसको
सब कुछ बताना है मुझे
सब कुछ बताकर
उसे फिर दो थप्पड़ लगाना है मुझे
थप्पड़ लगाकर
उसे फिर कसके गले लगाना है मुझे
गले लगाकर
फिर उसकी बाँहों में रह जाना है मुझे

नाराज़गी बहुत है
फ़िलहाल उस शख़्स से मेरी
क्यों मुझको इतना दूर गया -
आख़िर क्या गलती थी मेरी?

दोबारा मिलकर भी
मिल न सका -
ऐसा मैंने क्या किया था?
बस एक चिट्ठी ही छोड़ सका
क्या बस इतना हमारा रिश्ता था?

हर गली, हर जगह
उसकी तलाश करूँगी मैं
उसे ढूँढकर

मिलकर उससे बात करूँगी मैं

वो इतना क़रीब था
मतलब आस-पास ही रहता होगा
उसे ढूँढने का पहला पड़ाव -
देखना, बहुत जल्द पूरा होगा

कई दिनों की मशक्कत के बाद
वो रोज़ वहीं बैठा दिखता है
मासूम-सा
आज भी ख़यालों में खोया
अपनी डायरी से बातें करता है

कुछ दूर से उसे देख
मुस्कुराकर अपना-सा बनती हूँ
दिन का कुछ समय
उसे देख, उसके साथ बिताती हूँ

आज भी वक़्त से आया है
उस बक्से को लेकर परेशान है
जिस पर नाम लिखा है उसका
हैरत में है, अचरज में है
चारों दिशाओं में ध्यान है उसका

चारों दिशाओं में ध्यान है उसका
मगर एक बात से अनजान है अब भी -
भीड़ में एक चेहरा

जाना-पहचाना है
इस बात से अनजान है अब भी

हैरत में है -
कोई नहीं, अब वक़्त हो चला है
ये जो दूरियाँ हैं हमारे बीच
उन्हें मिटाने का
अब वक़्त हो चला है

अब इंतज़ार उसका
मुझे बस ख़त्म करना है
उससे मिलकर
मुझे अब सवाल करना है

वो अंगूठी देख रहा है
जिस पर उसका नाम लिखा हुआ है
वो इस बात से अनजान है -
ये खेल दोबारा रचा हुआ है

उसकी उलझनें
काम करते हुए
उसके कंधे पर
मैंने हल्के से हाथ थपथपाया

वो पलटा
सवाल भरी निगाहों से बोला -
"जी?"

मैंने मुस्कुराकर कहा -
"मुझे नहीं पहचाना?"

मुझको देखकर
वो थोड़ा हक्का-बक्का रह गया
कुछ कहना चाहा उसने
मगर लफ़्ज़ों में ही उलझ गया

वो कुछ कहने ही वाला था
मगर लफ़्ज़ निकले ही नहीं,
मैंने कहा -
"इतने सालों बाद मिले हो
अब कुछ कहोगे भी नहीं?"
वो थोड़ा-सा मुस्कुराया
फिर कुछ कहने लगा…
मैंने कहा -
"कैसे हो?
ये बताओगे भी नहीं?"

जंग

मैंने सुकून छोड़ा है सुकून पाने के लिए
मैंने अपनों को छोड़ा है अपनों से मिलने के लिए

मैंने आज गँवाया है कल सँवारने के लिए
मैंने ख़ुद को तोड़ा है ख़ुद को निखारने के लिए

मैंने नींद जगाई है सपनों को सच करने के लिए
मैंने चैन तोड़ा है मंज़िल तक पहुँचने के लिए

मैंने हँसी दबाई है दुनिया हँसाने के लिए
मैंने आँसू छिपाए हैं मज़बूत कहलाने के लिए

मैंने ख़्वाहिशें मारी हैं ज़रूरतें निभाने के लिए
मैंने दिल को समझाया है हालात निभाने के लिए

मैंने रुकना छोड़ा है आगे बढ़ने के लिए
मैंने पीछे सब छोड़ा है कुछ बन जाने के लिए

मैंने ख़ुद को खोया है ख़ुद को पाने के लिए
मैंने तन्हाई से हाथ मिलाया है भीड़ से बचने के लिए

मैंने सवाल उगाए हैं जवाब पाने के लिए
मैंने चुप्पी ओढ़ी है शोर मचाने के लिए

मैंने ज़िंदगी टाली है ज़िंदगी बनाने के लिए
मैंने आराम छोड़ा है कल को सजाने के लिए

मैंने हार से दोस्ती की है जीत की पहचान के लिए
मैंने ख़ुद को जलाया है ख़ुद को आज़माने के लिए

अगर कोई कहे कि मैंने बहुत कुछ खो दिया
तो कहूँगा -
हाँ, खोया है... ख़ुद से बेहतर बनने के लिए

चार दिवरों का पागल लड़का

मैं शाम इंतज़ार करूँ
तुम मुझसे मिलने आओगी
कुछ बातें मैं पुरानी करूँ
तुम कुछ नई साथ लाओगी न

जब थक जाओ मेरी बातों से तुम
तो मुझे अपनी बातें सुनाना
यूँ ख़ामोशी से मत तुम घबराना
तुम बस मुझसे मिलने आ जाना

हाथ थाम बैठेंगे हम
उस ख़ामोश नदी के किनारे
सितारों की चादर ओढ़कर
याद करेंगे वो क़िस्से पुराने

वो सर्द रातों की महक
हम कैसे कभी भूल पाएँगे
ये लम्हे जो छिप जाएँगे
हम इनमें ही कहीं ठहर जाएँगे

जैसे - जैसे अँधेरा बढ़ेगा
वो रोशनी का टुकड़ा आज़ाद होगा
उसकी हल्की-सी आहट पर भी
तुम्हारा चेहरा और रोशन होगा

इन उड़ती मीठी हवाओं के साथ
मैं इन आँखों में डूबता जाता हूँ
कमरे में लगी तुम्हारी तस्वीर से
मैं और गहरी मोहब्बत निभाता हूँ

ज़माने की कोई फ़िक्र नहीं मुझको
मैं तो बस मोहब्बत करता हूँ
इलज़ाम लगते रहते हैं मुझ पर -
क्यों मैं इतनी मोहब्बत करता हूँ?

तमाशा बनाकर ये लोग मेरा
हर मोड़ पर सवाल करते हैं
बिछड़ने के बाद भी कोई रिश्ता है -
ये बात क्यों मुझसे पूछते हैं?

आज जो सालों बाद मिली हो तुम
तो तुमसे ही एक सवाल करता हूँ
क्या मुझसे कोई भूल हो गई थी
जो मैं आज भी तन्हा रहता हूँ?

ख़ैर, मेरी बातों से तुम
परेशान मत हो जाना
मैं तो वही पागल-सा लड़का हूँ -
मेरी बातें तुम भूल जाना

अब वो वक़्त आ चला है
जब आसमान धीरे-धीरे रोशन होगा

चाँद बादलों में छुपकर
जैसे सूरज को बुलाएगा

इस रोशनी के साथ
मेरा साया फिर से लौट आएगा
दोबारा मिलने की उम्मीद नहीं
मगर ये साथ बहुत याद आएगा

ख़ैर, तुम मेरे साथ थीं -
ये कैसे, किसको समझाऊँ मैं?
चार दीवारों का ये पागल लड़का
अपनी हक़ीक़त किसको बताऊँ मैं?

घुटन होती है

पंख फैलाने को हवाओं में रही कोई जगह नहीं
खुले आसमान के तले परिंदों को घुटन होती है

शहर ने सिखा दिया मुस्कुराना भी डर के साथ
यहाँ हर दो कदम पर साँसों को घुटन होती है

समुंदर बहुत गहरा है, मगर सुकून इसमें कहाँ
लहरों की भीड़ में कश्तियों को घुटन होती है

रेगिस्तान में बिखरा है हर ओर ख़ामोशी का राज़
इतनी वुसअत में भी मुसाफ़िरों को घुटन होती है

आइनों ने भी अब सच कहना छोड़ दिया है
बदलते चेहरों में सच्चाई को घुटन होती है

हमने जलाया ख़ुद को लपटों की आहट में
ज़रा भी उजाला हो तो सायों को घुटन होती है

वक़्त के हाथों में किसी ने लगाम कस दी है
अब हर गुज़रते लम्हे में लम्हों को घुटन होती है

यूँ ही सफ़र में ख़त्म हो जाते हैं कई जज़्बात
लंबी राहों में अरमानों को घुटन होती है

ज़िंदा रहने का हुनर भी अब हुनर नहीं रहा
रोज़मर्रा की जद्दोजहद में रूह को घुटन होती है

वो दरख़्त, वो दीवारें अब कहीं खड़ी नहीं मिलतीं
समुंदर में रह गए आफ़ताब को घुटन होती है

हम बचे तो हैं, मगर जीने की हद से बाहर
जलते हुए जिस्म को घुटन होती है

काग़ज़ों में क़ैद है उम्मीदों की उड़ान
हर लिखी बूँद में स्याही को घुटन होती है

कहने की आज़ादी है, मगर सुनने वाला कोई नहीं
ऐसे सन्नाटों में आवाज़ों को घुटन होती है

हमने ख़ुद को बाँट लिया सबको निभाने के लिए
अब बचे हुए हिस्से को घुटन होती है

हमने तो चाहा था बस थोड़ासा सुकून, राज
मगर हर मोड़ पर अब सपनों को घुटन होती है

जरूरी था क्या

यूँ अचानक पास आ जाना ज़रूरी था क्या
भीड़ में एक चेहरा चुन जाना ज़रूरी था क्या

नज़र मिलते ही ठहर जाना ज़रूरी था क्या
ठहरकर यूँ मुस्कुराना ज़रूरी था क्या

धीरे-धीरे बात बढ़ाना ज़रूरी था क्या
हर रोज़ का हाल बताना ज़रूरी था क्या

ख़ामोशी को समझ जाना ज़रूरी था क्या
बिन कहे सब मान जाना ज़रूरी था क्या

मेरी आदतों में आ जाना ज़रूरी था क्या
हर शाम तुम्हें सौंप जाना ज़रूरी था क्या

ख़ुद को थोड़ा भूल जाना ज़रूरी था क्या
तुम्हें ही सब मान जाना ज़रूरी था क्या

उम्मीदों को इतना बढ़ाना ज़रूरी था क्या
हर वक़्त तुम्हें बस चाहना ज़रूरी था क्या

वक़्त बदला तो रुक जाना ज़रूरी था क्या
बातों से यूँ कट जाना ज़रूरी था क्या

जवाबों को टाल जाना ज़रूरी था क्या
ख़ामोशी में छुप जाना ज़रूरी था क्या

मेरा वहीं ठहर जाना ज़रूरी था क्या
तुम्हारा यूँ आगे बढ़ जाना ज़रूरी था क्या

मिलकर भी दूर रह जाना ज़रूरी था क्या
पहचान रखकर अनजान बनना ज़रूरी था क्या

हर कहानी में बिछड़ना ज़रूरी था क्या
तो शुरुआत में यूँ मिलना ज़रूरी था क्या

दोस्ती

बारिशों से मैं दोस्ती कर लूँ अगर
तो मेरी मोहब्बत में वो भीग जाएगी क्या

समुंदर से मैं दोस्ती कर लूँ अगर
तो मेरी यादों में वो डूब जाएगी क्या

चाँद से मैं दोस्ती कर लूँ अगर
तो चाँदनी ओढ़े
वो मुझसे मिलने आएगी क्या

सूरज से मैं दोस्ती कर लूँ अगर
तो रोशनी बनकर
वो मुझसे लिपटने आएगी क्या

दरख़्तों से मैं दोस्ती कर लूँ अगर
तो मेरी ख़ुशबू में
वो घुलने आएगी क्या

सितारों से मैं दोस्ती कर लूँ अगर
तो आसमान में
वो मुझे ढूँढने आएगी क्या

शीशे से मैं दोस्ती कर लूँ अगर
तो मेरे अक्स को
वो अपना कह पाएगी क्या

तन्हाई से मैं दोस्ती कर लूँ अगर
तो मेरी ख़ामोशी
वो समझ पाएगी क्या

साँझ से मैं दोस्ती कर लूँ अगर
तो अधूरे उजालों में
वो मुझे देख पाएगी क्या

वक़्त से मैं दोस्ती कर लूँ अगर
तो मेरे साथ
वो ठहर जाएगी क्या

किताबों से मैं दोस्ती कर लूँ अगर
तो मेरे मन के पन्ने
वो पढ़ पाएगी क्या

काजल, बिंदी, लाली, साड़ी,
गजरे, हार, पायल, झुमके -
ये सब तो दोस्त हैं मेरे,
सवाल बस इतना सा है,
कि वो मेरी दोस्त बन पाएगी क्या?

नहीं होता

दिल को समझाने का हुनर मुझसे अब संभलना नहीं होता
जिस दर्द में डूबा हूँ उससे अब निकलना नहीं होता

रात भर खिड़की पर बैठा चाँद से बातें करता हूँ
टूटे सितारों से मकाँ का झलकना नहीं होता

दिल के बगीचे में अब कोई फूल नहीं खिलता
इस उजड़े आँगन में माली का चलना नहीं होता

सन्नाटों में उठी नहीं कोई आवाज कहीं भी
दर्द के शहर में दिल का हलना नहीं होता

हर गली में तेरी यादों का बोझ लिए फिरता रहता हूँ
इतना बोझ लिए मुझसे अब संभलना नहीं होता

आईना पूछता है मुझसे कौन हो - "तुम आज"
टूटे चेहरे से मुझसे अब मुस्कुराना नहीं होता

कभी हँसी के लम्हे थे अब तो ख़्वाब भी रोते हैं
इस अंधेरे जहान से दिल का निकलना नहीं होता

सब कुछ हार कर अपना मैं अब रेत के सहर खो रहा हूँ
ऐसे लम्हों में मेरा अब उबलना नहीं होता

राज अपने दिल को तुम थोड़ा आराम दे दो तुम
जो गुजर चुका है उस पर यूँ मचलना नहीं होता

जुनून-ए-इश्क

ऐसा ही होता है सुकून-ए-इश्क में क्या
दिल को नहीं मिलता कभी जुनून-ए-इश्क में क्या

सवाल ही सवाल हैं हर एक निशान पर यहाँ
जवाब भी हो जाते हैं फ़ुज़ून-ए-इश्क में क्या

जमीन को खिंच कर आसमान से दूर रखते हो
ये फ़ासले भी तो हैं सुतून-ए-इश्क में क्या

जो शख़्स दिल को तस्सली से भर दिया करता था
वो खुद भी रोता होता मग़नून-ए-इश्क में क्या

परिंदे जो टूटे हुए दरख़्त पर बस जाते हैं
उनका भी घर होता है कानून-ए-इश्क में क्या

शब भर जो गुफ़्तगू में शीरीन ख़्याल रहे
वो भी सुबह बनते हैं इल्ज़ाम-ओ-जुबान-ए-इश्क में क्या

चाँद भी सो जाए सितारों की चादर ओढ़े
ऐसा भी करार मिलता है सुकून-ए-इश्क में क्या

जो यार बिछड़ कर कहीं ग़ुम हो गए हैं
वो भी हमें याद करते हैं यादों-ओ-जुनून-ए-इश्क में क्या

बरसों बाद भी जो निगाहों में बसी रहे
वो शक़्ल भी कायम है फ़ुज़ून-ए-इश्क में क्या

बरसात की कश्ती जो तालाब में ठहर जाए
उसकी रवानी भी है सुतून-ए-इश्क में क्या

हर बार जो दिल को जलाए तेरी याद
वो दर्द भी शामिल है जुनून-ए-इश्क में क्या

लम्हे जो लौट कर कभी आ न सकें
वो भी लिखे हैं अर्जी कानून-ए-इश्क में क्या

बरसों से जो जज़्बात छुपे बैठे हैं दिल में
वो भी खिलते हैं फुज़ून-ए-इश्क में क्या

ख़्वाब जो शब भर निगाहों में जागते रहे
वो भी संभलते हैं सुकून-ए-इश्क में क्या

फूल भी शरमाएँ तेरी याद के मौसम में
हर रंग की खुशबू महकाते हैं जुनून-ए-इश्क में क्या

राज लिखता है हाल-ए-दिल अपना यूँ ही
हर शेर है बस एक जुनून-ए-इश्क में क्या

ये सोचा न था

आसमानों से मोहब्बत का सहारा था वह
दिल में उतर कर मेरी रूह जगाएगा - ये सोचा न था

ख़्वाबों का आधा था पर उतना न था सच्चा
मेरा ही छोटा जहान बसाएगा - ये सोचा न था

आँसू बहा दूँ तो बच्चों सा मना भी ले
मेरे हर ज़ख्म को खुद ही छिपाएगा - ये सोचा न था

दिल ने कहा था कि भूलूँ मैं ही पहले उसे
पहले वह मुझसे ही हाथ छुड़ाएगा - ये सोचा न था

छोड़ कर जाए तो क्यों याद में रुसवा कर दे
जाने के बाद भी यूँ ही सताएगा - ये सोचा न था

छोटी सी कीमत पर सब कुछ मेरा ले भी लिया
फिर मेरी जान तक वह चाहेगा - ये सोचा न था

इतने ज़माने बाद सामने जब आया वह
मेरी निगाहों में यूँ गर्क हो जाएगा - ये सोचा न था

चेहरा मुस्कुराता था, लफ़्ज़ों में परायापन
वह अगर मिले भी तो पराया रहेगा - ये सोचा न था

"राज," इश्क़ से आगे निकल चुका तेरा दिल
वह अगर मिले भी तो प्यार न लाएगा - ये सोचा न था

मैं तुम्हारी तारीफ़ करता हूँ

चलो मैं आज तुम्हारी तारीफ़ करता हूँ
चलो मैं आज तुम्हारे लिए
कुछ अपनी कलम से लिखता हूँ

चलो मैं आज तुम्हें तुमसे मिलाता हूँ
अपनी नज़र से तुम्हें
तुम्हें ही दिखाता हूँ

चलो पहले बात करता हूँ
तुम्हारी इन आँखों की
तुम्हारी ये झील-सी आँखें
इनकी ख़ूबसूरती तुम्हें बताता हूँ

तुम्हारी ये बड़ी सफ़ेद आँखें
किसी कोहिनूर से कम नहीं लगतीं
जब भी देखती हो मुझको इनसे
मैं ख़ुद को मुक़द्दस समझने लगता हूँ

इनमें ज़रा-सा भी लाल रंग
तुम मिलाया न करो
जो टपक पड़े एक आँसू भी
तो काजल की घेराबंदी किया करो

ये तो बात हुई सिर्फ़ आँखों की
चलो अब और भी बताता हूँ

तुम्हारी बाकी ख़ूबसूरती से
एक-एक कर तुम्हें मिलवाता हूँ

चलो अब बात करते हैं
तुम्हारे इन होंठों की
इनसे मिलाकर तुम्हें
इनकी मीठी बातें बताता हूँ

पहले अपनी शिकायत दर्ज करूँ -
क्यों मैं तुमसे थोड़ा नाराज़ रहता हूँ
ग़ुस्सा आने पर तुम इन्हें
सज़ा क्यों दे देती हो?
दाँतों तले दबाकर इन्हें
बदला क्यों ले लेती हो?

तुम्हारे इन सुर्ख़ होंठों की
तश्बीह आख़िर किस गुलाब से करूँ?
गुलाब तो पल भर का मेहमान ठहरा
बताओ अब तुलना किससे करूँ?

ये होठ तो यूँ ही सुर्ख़ हैं
तुम इन पर और लाली क्यों लगाती हो?
दीवाना पहले ही बना रखा है इन्होंने
अब मुझसे और क्या चाहती हो?

इन सुर्ख़ होंठों के दरमियान
मुझे एक गहरा समुंदर नज़र आता है

हर रोज़ उसमें डूब जाने को
मेरा दिल चाहता है

चलो अब हल्की-सी आहट लेकर
तुम्हारी ज़ुल्फ़ों को सजाता हूँ
इनमें कहीं गुम होकर
तुम्हें तुमसे मिलाता हूँ

इन ज़ुल्फ़ों को किसी बंदिश में
तुम बाँधा न करो
खुली हवाओं में इन्हें
खुले आसमान-सा रहने दिया करो

सुबह उठकर हल्के हाथों से
इन्हें सहलाया करो
एक बाजू कर अपनी ज़ुल्फ़ों को
मुलायम तकिया बनाया करो

लेकर हल्की-सी अंगड़ाई
फिर तुम चैन से सो जाया करो
तुम्हारी ज़ुल्फ़ों का मिज़ाज रंगीन है
इन्हें भी कभी माफ़ किया करो

चलो अब फिसलकर ज़ुल्फ़ों से
उन कानों की बात करता हूँ
तुम्हें तुम्हारे कानों से मिलाकर
इनकी बातें सुनाता हूँ

तुम्हारे कान किसी रोशनदान से लगते हैं
इन्हें देखकर भटका हुआ मैं
रास्ता पा लेता हूँ

ये जो तुम सजाती हो
इन्हें झुमकों से
कभी-कभी जलन होती है
मुझे उन झुमकों से

कैसे हर रोज़ उनका बोझ उठाती हो
और सब सिर्फ़ उनकी ही तारीफ़ करते जाते हैं
क्यों नहीं दिखता किसी को
वो छोटा-सा घाव
जो झुमके दे जाते हैं

बिना झुमके, बिना बाली
तुम ख़ुद को यूँ ही रखा करो
दर्द इतना भी न सहा करो

चलो अब उन क़दमों की बात करूँ
तुम्हें तुम्हारे पैरों से मिलाऊँ
ये जो हल्के-हल्के क़दम रखती हो
ज़मीन का भी लिहाज़ करती हो

पायल बाँध लेती हो जब तुम
तो जैसे समुंदर में शोर उठता है
छन-छन की वो आवाज़

दिल में गूँज उठती है

जहाँ से गुज़रती हो तुम
वो जगह महका देती हो
फूलों की ख़ुशबू अपने पैरों में
लिए फिरती हो

चलो अब उन हाथों की बात करूँ
जो हर बात कह जाते हैं
चूड़ियों की खनक से
दिल तक उतर जाते हैं

इन उँगलियों की नर्मी में
कोई राज़ छिपा है
छू लें अगर तो पत्थर भी
मोम-सा पिघल जाता है

कंगन जब बजते हैं
मौसम भी झुक जाता है
इन हाथों में मेरा नाम
कभी लिखा जाता है

अब माथे की बारी आती है
जहाँ सादगी मुस्कुराती है
तुम्हारे माथे की रोशनी
इबादत-सी लगती है

वो छोटी-सी बिंदी जब सजती है

चाँद भी शरमा जाता है
तुम्हारे माथे का नूर
दिल को सुकून दे जाता है

और अब उन गुलाबी गालों की बात
जो हँसी में खिल जाते हैं
उन पर सजा वो छोटा-सा तिल
मेरा क़ातिल बन जाते हैं

वो तिल नहीं, जैसे मुकम्मल विराम हो
मेरी हर धड़कन का पैग़ाम हो
जब हल्की-सी शर्माती हो
और चेहरा थोड़ा झुकाती हो
उस तिल के साये में लगता है
तुम दुनिया भुलाती हो

और अंत में बस इतना कहूँ -

तुम आँख हो, तुम लब हो, तुम ज़ुल्फ़ों की रात हो
तुम क़दमों की आहट, तुम साँसों की बात हो
तुम बिंदी का चाँद, तुम गालों का तिल हो
तुम मेरी हर सुबह, हर शाम की महफ़िल हो

मैं तुममें तुम्हें ढूँढता रहता हूँ
और ख़ुद को तुममें पाता हूँ
सच कहूँ ऐ जान-ए-ग़ज़ल
मैं हर रोज़ तुम्हारी तारीफ़ करता हूँ

भाग 1: काश

काश हम साथ होते...

काश तुम मेरी बाहों में होती
काश मेरी साँसें तुम्हारी साँसों से जुड़ी होती

काश ज़िंदगी इतनी तन्हा न होती
काश हर राह पर तुम मेरे साथ खड़ी होती

काश वो वक़्त वहीं थम जाता
काश वो शाम कभी यूँ न ढल जाती

काश हम कभी जुदा न होते
काश हम एक ही कहानी के दो हिस्से होते

काश तुम मेरे हर ख़्वाब में होती
काश मेरी हर सुबह तुमसे रौशन होती

काश तुम्हारे हाथ मेरे हाथों में होते
काश हम दुनिया की भीड़ में भी खोए न होते

काश वो सफ़र हमारा होता
काश हर मोड़ पर बस तुम्हारा सहारा होता

काश वो आशियाना हमारा होता
काश हर दीवार पर नाम तुम्हारा होता

काश तुम मेरी आदत होती

काश मैं तुम्हारी ज़रूरत होता

काश तुम हर सुबह मुझे आवाज़ देती
काश हर रात तुम्हारी बातों से सजती

काश वो लम्हे कभी रुक जाते
काश वो ख़ामोश पल कभी बिखर न जाते

काश ये फ़ासले कभी पैदा न होते
काश हमारे रास्ते कभी जुदा न होते

काश वक़्त थोड़ा मेहरबान होता
काश क़िस्मत का दिल इतना संगदिल न होता

काश मोहब्बत इतनी मुश्किल न होती
काश दिल को टूटने की आदत न होती

काश जो दिल ने चाहा था
ज़िंदगी ने भी वही लिखा होता

काश कुछ कहानियाँ अधूरी न होतीं
काश हर दुआ का जवाब मिला होता

काश हम भी साथ होते...
काश ये दुनिया सिर्फ़ हमारी होती

भाग 2: ख़ैर

ख़ैर, तुम मेरी बाहों में नहीं हो
ख़ैर, मेरी साँसें अब तन्हा चल रही हैं

ख़ैर, ज़िंदगी तन्हा-सी हो गई है
ख़ैर, हर राह पर अब मैं अकेला खड़ा हूँ

ख़ैर, वो वक़्त रुक नहीं सका
ख़ैर, वो शाम भी आख़िर ढल ही गई

ख़ैर, हम जुदा हो गए हैं
ख़ैर, कहानी के हिस्से भी अलग हो गए हैं

ख़ैर, तुम मेरे ख़्वाबों में कम ही आती हो
ख़ैर, मेरी सुबह अब तन्हा ही जागती है

ख़ैर, तुम्हारे हाथ मेरे हाथों में नहीं हैं
ख़ैर, भीड़ में भी हम अलग ही चल रहे हैं

ख़ैर, वो सफ़र हमारा न बन सका
ख़ैर, हर मोड़ पर मैं अकेला ही चला

ख़ैर, वो आशियाना कभी बना ही नहीं
ख़ैर, दीवारों पर कोई नाम लिखा ही नहीं

ख़ैर, तुम मेरी आदत न बन सकी
ख़ैर, मैं तुम्हारी ज़रूरत न बन सका

ख़ैर, कोई सुबह तुम्हारी आवाज़ से नहीं जागती
ख़ैर, कोई रात तुम्हारी बातों से नहीं सजती

ख़ैर, वो लम्हे रुक नहीं सके
ख़ैर, वो ख़ामोश पल बिखर ही गए

ख़ैर, फ़ासले पैदा हो ही गए
ख़ैर, रास्ते आख़िर जुदा हो ही गए

ख़ैर, वक़्त मेहरबान न हो सका
ख़ैर, क़िस्मत का दिल संगदिल ही रहा

ख़ैर, मोहब्बत मुश्किल ही रही
ख़ैर, दिल टूटने से बच न सका

ख़ैर, जो दिल ने चाहा था
ज़िंदगी ने वो कभी लिखा ही नहीं

ख़ैर, कुछ कहानियाँ अधूरी ही रहती हैं
ख़ैर, हर दुआ का जवाब नहीं मिलता

ख़ैर... हम साथ नहीं हैं
मगर जो ख़्वाब था... वो ख़ूबसूरत था

धीरे-धीरे

धीरे-धीरे उसका चेहरा भूलने लगा हूँ मैं
धीरे-धीरे उसकी यादों से निकलने लगा हूँ मैं

धीरे-धीरे जो था उसका, वो रह नहीं गया अब
धीरे-धीरे ख़ुद के जैसा बनने लगा हूँ मैं

धीरे-धीरे पास आया था किसी ज़माने में
धीरे-धीरे अब उसी से दूर जाने लगा हूँ मैं

धीरे-धीरे ख़्वाब आँखों से उतरने लगते हैं
धीरे-धीरे हर भरोसा छोड़ने लगा हूँ मैं

धीरे-धीरे दर्द भी अब बात कम ही करता है
धीरे-धीरे इस ख़ामोशी को समझने लगा हूँ मैं

धीरे-धीरे इश्क़ की आदत उतरती जाती है
धीरे-धीरे एक कहानी छोड़ने लगा हूँ मैं

धीरे-धीरे उसके ख़त भी बेअसर हो जाते हैं
धीरे-धीरे हर निशानी मोड़ने लगा हूँ मैं

धीरे-धीरे जिन सवालों में वो शामिल रहता था
धीरे-धीरे उन सवालों से बचने लगा हूँ मैं

धीरे-धीरे रातें भी अब बोझ सी नहीं लगतीं
धीरे-धीरे नींद को वापस बुलाने लगा हूँ मैं

धीरे-धीरे उसके वादे भी धुंधले होने लगे हैं
धीरे-धीरे उन लफ़्ज़ों से गुजरने लगा हूँ मैं

धीरे-धीरे दिल की वीरानी कम-सी लगती है
धीरे-धीरे नए रास्ते चुनने लगा हूँ मैं

धीरे-धीरे कुछ पुरानी आदतें भी छूटती हैं
धीरे-धीरे ख़ुद को फिर से गढ़ने लगा हूँ मैं

धीरे-धीरे ख़ुद से बातें कम-सी होने लगती हैं
धीरे-धीरे ख़ुद को फिर से थामने लगा हूँ मैं

धीरे-धीरे ये यक़ीं भी दिल में बैठ जाता है
धीरे-धीरे ठीक होना सीखने लगा हूँ मैं

धीरे-धीरे एक सुकून सा लौट आता है
धीरे-धीरे फिर से जीना सीखने लगा हूँ मैं

ग़ज़लें

1

उसका बिखरा बदन नज़र नहीं रहा
वो इक अब मेरा हमसफ़र नहीं रहा

चाहतों से तमन्ना करता था जहाँ
दिल के गुलशन का वो शजर नहीं रहा

मौत का अक्स रूबरू हुआ मिरे
ज़िंदगी जीने का हुनर नहीं रहा

सहरा में बिछड़ा राह देखता रहा
दुनिया से तन्हा कोई ख़बर नहीं रहा

कोई झंजोड़ो मुझको, कोई सदा दे कर
शोर-ओ-गुल का कोई असर नहीं रहा

ज़िंदगी खेल में न जाने हँस पड़ी
ज़िंदगी का भी अब सफ़र नहीं रहा

'राज' अब किस बयाँ में उनसे कुछ कहूँ
इतने लोगों से रहगुज़र नहीं रहा

2

मेरी यादों में अब तेरा कोई दीदार नहीं है
तेरी आँखों में भी पहले सा वो करार नहीं है

मैंने जिस शब को दुआओं से सँवारा था बहुत
अब तेरे लौट के आने का भी इंतज़ार नहीं है

जिसे सीने में छिपाकर मैं जिया करता था कभी
उस मोहब्बत पे अब मेरा कोई अख़्तियार नहीं है

मैंने टूट कर दिल से तुझे चाहा था मगर
तेरी बातों में अब पहले सा ऐतबार नहीं है

तेरी यादों का धुआँ आज भी उठता है मगर
इस जले दिल में कोई और अब गुबार नहीं है

हिज्र की रात ने ऐसा मुझे वीरान किया
अब किसी ख़्वाब को आँखों में भी करार नहीं है

जिसे अपना समझा था वही दर्द दे गया
अब किसी शख़्स पे दिल को भी मदार नहीं है

'राज' अब किसके लिए दिल को सँवारे बैठा है
उसकी महफ़िल में तेरे नाम का ज़िक्र नहीं है

3

कितना सुकून था मुझे उस उन्माद से पहले
तेरा नाम लिया करता था फ़रियाद से पहले

बर्बाद हो के अब यहाँ तन्हा बैठा हूँ
कितना आराम था मुझे तेरी याद से पहले

इश्क़ ने मुझको गिरफ़्त-ए-जुनूँ रखा है
खुली हवाओं का सफ़र था आज़ाद से पहले

हर ख़्वाब मुकम्मल लगता था आँखों में
टूटने का डर भी कहाँ था फ़साद से पहले

मैं ख़ुद ही सवाल बन गया अपने वजूद का
हर जवाब आसान था इस बुनियाद से पहले

कभी जो हँसना भी था मेरी औक़ात में
हर लम्हा मुस्कुराता था नाशाद से पहले

लिखी न थी जो कहानी किसी किताब में
ज़िंदगी साफ़ थी इतनी हर इजाद से पहले

'राज' सच कहूँ तो मैं बहुत बदल चुका हूँ
मैं कितना आबाद था इस बर्बाद से पहले

4

तेरा आना कुछ ऐसे कि दिल बेकरार हो गया
ख़्वाहिशों का समुंदर भी दिलदार हो गया

उसका ख़त आया है, अब यक़ीन है मुझको
वो मोहब्बत का मारा ईमानदार हो गया

जन्नत का वो ख़ुदा भी तुझे याद करता है
तेरा साया भर आने से ज़िम्मेदार हो गया

ख़्वाहिशों में तमन्ना कितनी थी मुझको
ख़ुद से लड़ कर आज मैं ख़ुद्दार हो गया

जैसा चलाया उसने, मैं वैसा चल दिया
आज आईने से मिलकर असरदार हो गया

चाहतों की तमन्ना जो रखने लगा था
चाहतों का मारा मैं शर्मसार हो गया

खींच कर जो रखी थी हमने आपस की दूरी
वो क़िस्सा सरे-बाज़ार फ़नकार हो गया

जो लफ़्ज़ छिपाए बैठे थे सीने के दरमियान
वक़्त की एक आहट में सब इज़हार हो गया

'राज' ख़ुद अपनी ही कहानी का हुआ हूँ मैं आज
इश्क़ लिखते-लिखते ख़ुद एक किरदार हो गया

5

चाँद का गहना किसी और का हो गया
वो शख़्स जो मेरा था, किसी और का हो गया

एक मुद्दत से मैं इंतज़ार में था जिसके
मोहब्बत का वो हिस्सा, किसी और का हो गया

हमने जिस ख़्वाब को पलकों पे सुलाया बरसों
आँख खुलते ही वो ख़्वाब, किसी और का हो गया

उसकी बातों में जो मेरा-सा यक़ीं रहता था
वो यक़ीं वक़्त की तासीर, किसी और का हो गया

मैंने समझा था निभाएगा रफ़ाक़त आख़िर तक
बीच-ए-राह वही हमसफ़र, किसी और का हो गया

मेरी रातों की दुआओं में जो शामिल था कभी
वो सवेरा भी सरे-बाज़ार, किसी और का हो गया

जिस नज़र ने मुझे देखा था मुकम्मल होकर
वो नज़र आज का मेयार, किसी और का हो गया

जिस कहानी में मेरा नाम सदा रहता था
आख़िरी बाब का इक़रार, किसी और का हो गया

'राज' जिन लफ़्ज़ों को समझा था सदा अपनी सदा
वो ही लहजा, वो ही इज़हार, किसी और का हो गया

6

अजनबियों की भीड़ में मुझको बेगाना लगता है
महफ़िलों के हर सफ़र में मुझको बेगाना लगता है

आरज़ुओं को तोड़कर मैं चुप ही बैठा रहता हूँ
ख़्वाहिशों का तआल्लुक़ मुझको अफ़साना लगता है

सुकून की तलाश में जिस कूचे में भटका था मैं
अब उसी का हर इक पत्थर मुझको अनजाना लगता है

वो शख़्स मुझसे रोज़ मिलने अब तो आने लगा है
मेरी उलझी मोहब्बत में वो कुछ दीवाना लगता है

कमज़ोर लम्हों में भी जिसने साथ थामा है मेरा
मेरा टूटा-सा ये दिल उसको आशियाना लगता है

बहुत अरसा हो गया है अब उसे छोड़े हुए
उसका हर रिश्ता किसी और से याराना लगता है

यादों की बरसात में भीगता रहा हूँ तन्हा
हर गुज़रा हुआ वो मौसम मुझको बहाना लगता है

ख़ामोश रातों में जब ख़ुद से सामना होता है
अपना ही हर एक सवाल मुझको अफ़साना लगता है

'राज' अब किसी से कोई शिकवा नहीं बाक़ी
चुपचाप जी लेना ही मुझको आशियाना लगता है

7

कोई अरमाँ न रहा आबाद तेरे बाद
दिल भी हो बैठा है बर्बाद तेरे बाद

रात भर जागती रहती है तन्हाई
आती है बस तेरी याद तेरे बाद

ख़्वाब आँखों से हुए रुख़सत ऐसे
टूट सी गई हर बुनियाद तेरे बाद

किस दर पे ले जाएँ दिल की धड़कन
कौन सुने दिल की फ़रियाद तेरे बाद

आईना देख के चुप हो जाता हूँ
हो गया चेहरा भी उस्ताद तेरे बाद

रिश्तों की भीड़ में आबाद हूँ मगर
कोई करता नहीं इरशाद तेरे बाद

ख़ुद को समझाना पड़ा है मुझको
दिल को करना पड़ा आज़ाद तेरे बाद

महफ़िल महफ़िल मुस्काता हूँ लेकिन
घर नहीं होता कभी आबाद तेरे बाद

'राज' लिखता है ग़ज़ल दर्द के संग
कौन सुनता मेरी फ़रियाद तेरे बाद

8

चाहतों की तमन्ना रखने लगा हूँ
मैं उस शख़्स से अब मिलने लगा हूँ

ख़ुद को उम्मीदों में बाँध के अब
अपने ज़ेहन को आज़माने लगा हूँ

वो तेरी ख़ामोशी सुनाकर मुझको
मैं अपने आप को रुलाने लगा हूँ

तेरी हर एक याद ज़हर बन गई है
ख़ुद से किया वो वादा निभाने लगा हूँ

वक़्त आईने सा खड़ा है साथ मेरे
मैं अपनी फ़ितरत बदलने लगा हूँ

सच ही कहा अहल-ए-जहाँ ने मुझसे
मैं अब झूठों में भी संवरने लगा हूँ

तेरी फ़ुर्क़त ने ये हुनर बख़्शा है
मैं दर्द को भी अपना बनाने लगा हूँ

जो ख़्वाब थे कभी मेरी पलकों पे
उन्हीं ख़्वाबों से घबराने लगा हूँ

'राज' तन्हाई जब हद से गुज़र जाए
मैं उन ख़यालों में ढलने लगा हूँ

9

सन्नाटों की धूप में कोई रंग फीका नहीं रहा
जो वहम-ए-रौशनी था अब वो सवेरा नहीं रहा

ऊँची-ऊँची कश्तियाँ मझधार में ग़र्क़ हो गईं
समुंदर का साथ देने कोई किनारा नहीं रहा

दर्द का हाथ थामे चलते रहे उम्र भर
ज़र्रा-सी ख़ुशी का हुनर हमारा नहीं रहा

खिड़की पे बैठा वो कमज़ोर साया-ए-दिल
लाख सदाएँ दीं मगर वो हमारा नहीं रहा

ख़ूबसूरती का इशारा था कभी वो शख़्स
इतना वक़्त गुज़रा कि वो सितारा नहीं रहा

हर सवाल का जवाब पत्थर-सा मिला
अब किसी बात में वो असर गहरा नहीं रहा

वक़्त ने ऐसे बदले रिश्तों के मआनी
अपनों के बीच अब कोई अपना नहीं रहा

ख़्वाब आँखों में तो हैं, नींद नहीं है मगर
रात का पहले-सा वो ख़ूबसूरत बसेरा नहीं रहा

'राज' हम सच कहें तो बहुत थक चुके हैं
ज़िंदगी से अब कोई हमे शिकवा नहीं रहा

10

तेरी एक नज़र में जाने क्या-क्या गुम हो गया
मैं जो अपना था बरसों से, वो रिश्ता गुम हो गया

दिल ने चाहा था कि ज़ख़्मों को छिपा कर रखु
तेरा नाम आते ही सब तमाम हो गया

इतनी मुसीबतें मेरी मैंने सँभाल कर रखी थीं
तेरी एक दस्तक से हर ग़म कम हो गया

मैंने सच बोल दिया तो ये सज़ा मिल गई
इस शहर में सच कहने से बदनाम हो गया

भीड़ में रहते हुए भी ये महसूस हुआ
तेरा न होना मुझे पूरा गुमनाम हो गया

जिस मोहब्बत को दुआओं में पिरोया था कभी
वक़्त की एक ठोकर से वो नाकाम हो गया

वो जो पहचान थी मेरी हर एक साँस के साथ
तेरे जाने से वो रिश्ता बे-नाम हो गया

उसने कुछ कहा नहीं, बस देख कर रह गया
उस निगाह में ही पूरा पैग़ाम हो गया

जिस जगह रुक के लगा था **'राज'** सुकून मिल जाएगा
चलते - चलते वही रस्ता मुक़ाम हो गया

www.ingramcontent.com/pod-product-compliance
Lightning Source LLC
LaVergne TN
LVHW100332210926
848480LV00003B/1313
* 9 7 9 8 9 0 4 3 1 0 3 2 5 *